SOMMAIRES

Introduction à l'investissement financier

- Définition de l'investissement et de son importance
- Objectifs et mentalité de l'investisseur débutant

- Aperçu des différents types d'investissements (actions, obligations, fonds communs de placement, etc.)

CHAPITRE 1

PRINCIPES DE BASE DE L'INVESTISSEMENT

- Comprendre le marché financier
- Les concepts clés : risque, rendement, liquidité
- La relation entre risque et rendement

CHAPITRE 2

<u>ÉTABLIR DES OBJECTIFS D'INVESTISSEMENT</u>

- Identifier ses objectifs financiers à court, moyen et long terme
- Comment l'investissement peut aider à atteindre ces objectifs
- Élaboration d'un plan d'investissement personnel

CHAPITRE 3

COMPRENDRE LES PRODUITS D'INVESTISSEMENT

- Actions : comprendre les parts d'entreprise
- Obligations : prêter de l'argent aux entités gouvernementales ou corporatives
- Fonds communs de placement et ETFs : investir avec diversification

CHAPITRE 4

STRATÉGIES D'INVESTISSEMENT

- Analyse fondamentale vs analyse technique
- Diversification et allocation d'actifs
- Stratégies passives vs actives

CHAPITRE 5 :

GESTION DES RISQUES

- Importance de la diversification
- Utilisation des ordres stop-loss
- Rééquilibrage du portefeuille

CHAPITRE 6

FISCALITÉ ET INVESTISSEMENT

- Comprendre l'impact fiscal des investissements
- Comptes d'investissement et enveloppes fiscales
- Stratégies de minimisation des impôts

CHAPITRE 7 :

CHOISIR UNE PLATEFORME D'INVESTISSEMENT

- Critères de sélection d'un courtier ou d'une plateforme
- Comprendre les frais de transaction et de gestion
- Services et outils supplémentaires offerts

CHAPITRE 8

ERREURS COURANTES À ÉVITER

- Réagir aux fluctuations du marché
- Investir sans recherche
- Ignorer les frais

CONCLUSION

- <u>Vers l'autonomie financière</u>

Introduction à l'investissement financier :

Un premier pas vers l'autonomie
Bienvenue dans le monde fascinant de l'investissement financier, un univers où chaque décision peut être le début d'une aventure enrichissante. Si vous êtes novice en la matière, ne vous inquiétez

pas. Ce guide est conçu spécialement pour vous, pour transformer l'inconnu en familier, et l'incertitude en confiance.

L'investissement financier, c'est quoi exactement ?

Imaginez que vous êtes le capitaine d'un navire, et que votre argent est l'équipage. L'investissement financier, c'est l'art de naviguer sur les vastes océans des marchés pour trouver les meilleures destinations où votre équipage peut travailler et croître. C'est un processus stratégique où vous placez vos ressources (votre argent) dans des opportunités qui, avec le temps, augmenteront en valeur.

Pourquoi investir ?

Investir n'est pas seulement une question de gains potentiels ; c'est aussi une démarche proactive pour sécuriser votre avenir financier. Que vous souhaitiez acheter une maison, financer les études de vos enfants, ou simplement vous assurer une retraite confortable, l'investissement peut être un outil puissant pour réaliser vos rêves.

Les premiers pas

Comme toute nouvelle compétence, l'investissement financier demande de l'apprentissage et de la pratique. Mais ne vous laissez pas décourager par les termes techniques ou les fluctuations du marché. Avec les bonnes informations et une approche méthodique, vous serez bientôt en mesure de prendre des décisions d'investissement éclairées.

Dans les chapitres suivants, nous explorerons ensemble les différents types d'investissements, comment établir des objectifs clairs, et les stratégies pour gérer les risques. Nous aborderons également les aspects pratiques, comme choisir une plateforme d'investissement et comprendre l'impact fiscal de vos choix.

Alors, préparez-vous à embarquer pour un voyage où la patience, la persévérance et la connaissance seront vos meilleurs alliés. Et rappelez-vous, chaque grand investisseur a commencé par être débutant.

CHAPITRE 1 : PRINCIPES DE BASE DE L'INVESTISSEMENT

Section 1 : Le Marché Financier - Un Écosystème Complex
Le marché financier est souvent comparé à un écosystème vivant, avec ses propres règles et interactions. Comme dans la nature, chaque élément a un rôle à jouer, des actions individuelles aux grands indices boursiers. Nous débuterons par démystifier ce monde, en expliquant comment il fonctionne et pourquoi il est crucial pour tout investisseur de comprendre son environnement.

Section 2 : Risque et Rendement - Les Deux Visages de Janus
Le risque et le rendement sont les deux faces d'une même pièce dans l'univers de l'investissement. Nous explorerons cette dualité, en soulignant comment ils sont intrinsèquement liés et pourquoi un équilibre entre les deux est essentiel pour une stratégie d'investissement réussie.

Section 3 : Liquidité - L'Art de Rester Fluide
La liquidité est la capacité de convertir un investissement en espèces rapidement et sans perte significative de valeur. Cette section se concentrera sur l'importance de la liquidité dans la planification financière et comment elle affecte les décisions d'investissement.

Section 4 : Comprendre les Cycles Économiques
Les cycles économiques influencent grandement les marchés financiers. Ici, nous aborderons les phases de ces cycles, comment ils peuvent affecter vos investissements, et les stratégies pour naviguer à travers eux.

Section 5 : Analyse Fondamentale vs Analyse Technique
Ces deux méthodes d'évaluation des investissements sont souvent présentées comme opposées. Nous les décrirons de manière objective, en expliquant leurs principes, leurs avantages et quand

les utiliser.

Section 6 : Diversification - La Clé de la Répartition des Risques
La diversification est un concept fondamental en investissement. Cette section expliquera comment répartir les investissements peut protéger contre les pertes imprévues et contribuer à la stabilité du portefeuille.

Section 7 : La Psychologie de l'Investisseur
Les émotions peuvent avoir un impact significatif sur les décisions d'investissement. Nous discuterons de la psychologie de l'investisseur et de l'importance de rester discipliné face aux fluctuations du marché.

Conclusion du Chapitre
Nous conclurons en résumant les principes clés abordés, en insistant sur l'importance de la patience et de l'éducation continue dans le domaine de l'investissement.

CHAPITRE 2 : ÉTABLIR DES OBJECTIFS D'INVESTISSEMENT

Section 1 : Cartographie Financière - Identifier ses Objectifs
Avant de se lancer dans l'océan des opportunités d'investissement, il est crucial de tracer une carte de vos aspirations financières. Cette section aidera le lecteur à définir clairement ses objectifs à court terme (comme constituer une épargne d'urgence), à moyen terme (comme financer un achat important) et à long terme (comme préparer sa retraite). Nous fournirons des outils pour aider à identifier ces objectifs et à comprendre leur importance dans la stratégie d'investissement globale.

Section 2 : L'Investissement comme Véhicule - Atteindre ses Objectifs
Une fois les objectifs définis, il est temps de sélectionner le bon véhicule pour y parvenir. Dans cette section, nous expliquerons comment différents types d'investissements peuvent servir de moyens pour atteindre des objectifs spécifiques. Nous illustrerons par des exemples concrets comment l'investissement en actions peut convenir pour des objectifs à long terme, tandis que les obligations ou les comptes d'épargne à haut rendement peuvent être plus adaptés pour des objectifs à court terme.

Section 3 : Construction d'un Plan d'Investissement Personnel
Avec une compréhension claire des objectifs et des moyens pour les atteindre, il est temps de construire un plan d'investissement personnel. Cette section guidera le lecteur à travers les étapes de la création d'un plan d'investissement sur mesure, en tenant compte de sa situation financière, de sa tolérance au risque et de ses horizons de temps. Nous aborderons également l'importance de la révision périodique du plan pour s'assurer qu'il reste aligné avec

les objectifs changeants et les conditions de marché.

Conclusion du Chapitre

Nous conclurons le chapitre en réitérant l'importance d'une planification minutieuse et de la définition d'objectifs clairs. Un plan d'investissement bien conçu est la boussole qui guide l'investisseur à travers les décisions financières tout au long de sa vie.

CHAPITRE 3 : COMPRENDRE LES PRODUITS D'INVESTISSEMENT

Section 1 : Actions - Les Unités de Participation dans l'Aventure d'Entreprise
Les actions représentent bien plus que de simples parts d'entreprise ; elles sont le reflet de la confiance des investisseurs dans le potentiel de croissance d'une société. Dans cette section, nous plongerons dans l'univers des actions, en expliquant comment elles fonctionnent, leur impact sur l'entreprise et sur l'investisseur, et la manière dont elles peuvent jouer un rôle clé dans la construction d'un portefeuille d'investissement.

Section 2 : Obligations - Les Prêteurs Silencieux du Monde Financier
Les obligations sont souvent perçues comme une forme d'investissement plus stable et prévisible. Ici, nous décrirons le processus de prêt d'argent aux entités gouvernementales ou corporatives, les différents types d'obligations disponibles, et comment elles peuvent fournir un revenu régulier tout en réduisant le risque global du portefeuille.

Section 3 : Fonds Communs de Placement et Ets - La Force de la Diversification
Investir dans des fonds communs de placement et des Ets est comme rejoindre une équipe d'experts qui gèrent un assortiment diversifié d'actifs. Nous explorerons comment ces véhicules d'investissement permettent aux individus d'accéder à une large gamme d'actifs, répartissant ainsi les risques et augmentant les chances de rendements stables.

Conclusion du Chapitre

Nous conclurons en soulignant l'importance de comprendre ces produits

CHAPITRE 4 : STRATÉGIES D'INVESTISSEMENT

Section 1 : Analyse fondamentale vs Analyse technique - Les Deux Lorgnettes de l'Investisseur
L'analyse fondamentale et l'analyse technique sont les deux méthodes principales utilisées pour évaluer les opportunités d'investissement. La première se concentre sur la santé économique et financière d'une entreprise, tandis que la seconde étudie les tendances des prix et des volumes de marché. Cette section comparera ces deux approches, en discutant de leurs avantages respectifs et de la manière dont elles peuvent se compléter.

Section 2 : Diversification et Allocation d'Actifs - L'Orchestration Financière
La diversification est la stratégie de répartition des investissements dans différents types d'actifs pour réduire les risques. L'allocation d'actifs est la décision de combien investir dans chaque catégorie d'actifs. Nous explorerons comment ces deux concepts travaillent de concert pour créer une symphonie financière, où chaque instrument joue un rôle essentiel pour l'harmonie du portefeuille.

Section 3 : Stratégies Passives vs Actives - Le Duel des Philosophies d'Investissement
Les stratégies passives, comme l'investissement indiciel, privilégient une approche à long terme avec moins de transactions, tandis que les stratégies actives impliquent une gestion plus dynamique et fréquente du portefeuille. Cette section présentera les mérites et les inconvénients de chaque stratégie, en aidant le lecteur à comprendre quelle approche pourrait

correspondre le mieux à ses objectifs et à sa personnalité d'investisseur.

Conclusion du Chapitre

Nous conclurons en réaffirmant que la clé d'une stratégie d'investissement réussie réside dans la compréhension et l'application judicieuse de ces concepts. En restant fidèle à une philosophie d'investissement bien définie et en s'adaptant aux conditions changeantes du marché, l'investisseur peut naviguer avec confiance vers ses objectifs financiers

CHAPITRE 5 : GESTION DES RISQUES

Section 1 : Diversification - L'Assurance de l'Investisseur

La diversification est souvent citée comme la seule "gratuite" en investissement. Cette section expliquera pourquoi répartir les investissements à travers différents secteurs, géographies et classes d'actifs peut réduire le risque global du portefeuille. Nous utiliserons des analogies et des études de cas pour illustrer comment la diversification agit comme une assurance contre les imprévus du marché.

Section 2 : Ordres Stop-Loss - Les Gardiens de Votre Portefeuille

Les ordres stop-loss sont des outils essentiels pour protéger les investisseurs contre des pertes importantes. Nous décrirons leur fonctionnement, comment les placer efficacement, et les stratégies pour les ajuster en fonction de l'évolution du marché et de la tolérance au risque de l'investisseur.

Section 3 : Rééquilibrage du Portefeuille - Maintenir le Cap

Le rééquilibrage est la pratique de ramener un portefeuille à sa répartition d'actifs cible. Cette section discutera de l'importance de cette pratique pour conserver une stratégie d'investissement alignée avec les objectifs à long terme, malgré les fluctuations du marché. Nous fournirons des directives sur la fréquence et les méthodes de rééquilibrage.

Conclusion du Chapitre

Nous concluons en réaffirmant que la gestion des risques est un aspect fondamental de l'investissement. Une approche disciplinée et des outils appropriés peuvent grandement contribuer à la préservation du capital et à la réalisation des objectifs financiers.

CHAPITRE 6 : FISCALITÉ ET INVESTISSEMENT

Section 1 : L'Impact Fiscal des Investissements - Naviguer dans les Eaux du Fisc

Comprendre l'impact fiscal des investissements est essentiel pour optimiser les retours sur investissement. Cette section détaillera comment les gains en capital et les revenus d'intérêts sont imposés, et l'importance de planifier ses investissements en tenant compte de la fiscalité. Nous utiliserons des exemples concrets pour illustrer l'impact des impôts sur les rendements.

Section 2 : Comptes d'Investissement et Enveloppes Fiscales - Les Coffres-Forts de l'Investisseur

Les comptes d'investissement et les enveloppes fiscales sont des outils précieux pour abriter les investissements des tempêtes fiscales. Nous explorerons les différents types de comptes et leur traitement fiscal, en soulignant comment choisir le bon compte peut influencer la croissance de l'investissement à long terme.

Section 3 : Stratégies de Minimisation des Impôts - L'Art de la Fiscalité

Minimiser légalement les impôts est un aspect clé de la gestion financière. Cette section présentera différentes stratégies de minimisation des impôts, telles que l'utilisation de pertes en capital pour compenser les gains, ou le choix de placements générant des revenus moins imposés. Nous discuterons également de l'importance de consulter des experts fiscaux pour une planification optimale.

Conclusion du Chapitre

Nous conclurons en réitérant que la fiscalité ne doit pas être un obstacle, mais un facteur à intégrer dans la stratégie d'investissement. Une bonne compréhension des lois fiscales peut transformer un bon investissement en un excellent investissement.

CHAPITRE 7 : CHOISIR UNE PLATEFORME D'INVESTISSEMENT

Section 1 : Critères de Sélection d'un Courtier ou d'une Plateforme - Le Compagnon de Route de l'Investisseur

Choisir le bon courtier ou la bonne plateforme d'investissement est comme choisir un compagnon de route pour un long voyage. Cette section établira les critères essentiels à considérer, tels que la réputation, la facilité d'utilisation, les types d'investissements disponibles, et le support client. Nous discuterons de l'importance de chaque critère et fournirons des conseils pour évaluer les options disponibles.

Section 2 : Frais de Transaction et de Gestion - Les Petits Ruisseaux Font les Grandes Rivières

Les frais peuvent sembler minimes au premier abord, mais ils s'accumulent avec le temps et peuvent réduire significativement les rendements. Dans cette section, nous expliquerons les différents types de frais, comment ils sont calculés, et l'impact qu'ils peuvent avoir sur l'investissement à long terme. Nous soulignerons l'importance de comprendre et de comparer les structures de frais lors du choix d'une plateforme.

Section 3 : Services et Outils Supplémentaires - Les Atouts dans la Manche de l'Investisseur

Les services et outils supplémentaires offerts par une plateforme peuvent être déterminants dans le choix d'un courtier. Cette section mettra en lumière les ressources éducatives, les outils d'analyse, les applications mobiles, et les options de personnalisation qui peuvent enrichir l'expérience d'investissement. Nous encouragerons les lecteurs à considérer ces services comme des investissements dans leur éducation et leur efficacité en tant qu'investisseurs.

Conclusion du Chapitre

Nous conclurons en rappelant que le choix d'une plateforme d'investissement ne doit pas être pris à la légère. Une sélection judicieuse peut faciliter le parcours de l'investisseur et contribuer à la réalisation de ses objectifs financiers.

CHAPITRE 8 : ERREURS COURANTES À ÉVITER

Dans le domaine de l'investissement, certaines erreurs sont fréquemment commises par les novices comme par les investisseurs expérimentés. Ce chapitre est dédié à la mise en lumière de ces pièges, afin que vous puissiez les éviter et naviguer sur les marchés avec assurance et sagesse.

Section 1 : Réagir aux Fluctuations du Marché - La Danse du Pendule
Les marchés financiers sont intrinsèquement volatils, oscillant au rythme des événements économiques, politiques et sociaux. Une erreur courante est de réagir précipitamment à ces fluctuations. Comme un danseur qui suit le rythme de la musique, l'investisseur doit apprendre à se mouvoir avec fluidité, sans céder à la panique. Nous discuterons des techniques pour maintenir une perspective à long terme et éviter les réactions émotionnelles qui peuvent nuire à la stratégie d'investissement.

Section 2 : Investir sans Recherche - Le Saut dans l'Inconnu
Investir sans recherche préalable est comparable à un saut dans l'inconnu sans parachute. Cette section insistera sur l'importance de la due diligence : comprendre en profondeur dans quoi vous investissez, les fondamentaux de l'entreprise, et le contexte du marché. Nous vous fournirons des méthodes pour effectuer des recherches approfondies et établir des bases solides pour vos décisions d'investissement.

Section 3 : Ignorer les Frais - Les Grains de Sable dans l'Engrenage
Les frais semblent souvent négligeables, mais ils peuvent s'accumuler et devenir des grains de sable qui grippent l'engrenage

de vos rendements. Dans cette section, nous mettrons en évidence l'impact à long terme des frais de transaction et de gestion sur la performance de vos investissements. Nous vous montrerons comment les identifier, les comparer et les minimiser pour optimiser vos gains.

Conclusion du Chapitre
En évitant ces erreurs courantes, vous renforcez votre position d'investisseur averti. Chaque chapitre de ce rapport a été conçu pour vous équiper des outils et des connaissances nécessaires pour prendre des décisions d'investissement judicieuses. Restez informé, soyez diligent, et n'oubliez jamais que chaque décision doit être prise avec réflexion et discernement. Votre parcours vers l'autonomie financière est pavé de ces principes, et c'est avec un professionnalisme rigoureux que vous atteindrez vos objectifs.

Conclusion : Vers l'autonomie financière

Alors que nous clôturons ce voyage à travers les méandres de l'investissement financier, prenons un moment pour réfléchir aux leçons clés qui ont jalonné notre parcours. De la compréhension des principes fondamentaux de l'investissement à la maîtrise des stratégies avancées, chaque chapitre a été une étape vers une plus grande autonomie financière.

Nous avons exploré l'importance de définir des objectifs d'investissement clairs, de comprendre les différents produits d'investissement, et de développer des stratégies adaptées à nos profils de risque. Nous avons appris à naviguer dans les eaux parfois tumultueuses des marchés financiers, à gérer les risques avec sagesse, et à prendre des décisions éclairées en tenant compte de l'impact fiscal.

Mais le chemin vers l'autonomie financière ne s'arrête pas à la dernière page de ce rapport. C'est un processus continu d'apprentissage et d'adaptation. Je vous encourage à rester curieux, à chercher constamment à approfondir vos connaissances et à rester informé des dernières tendances et innovations dans le domaine de l'investissement.

Pour ceux qui souhaitent continuer à se former, de nombreuses ressources sont disponibles. Des livres aux cours en ligne, en passant par les séminaires et les groupes d'investissement, les opportunités d'apprendre et de grandir sont infinies. N'hésitez pas à consulter des experts, à participer à des forums de discussion, et à utiliser des simulateurs d'investissement pour affiner vos compétences.

En restant engagé dans votre éducation financière, vous renforcez non seulement votre portefeuille, mais aussi votre confiance en votre capacité à prendre des décisions financières judicieuses. L'autonomie financière est à la portée de ceux qui osent poursuivre le chemin de la connaissance et de la prudence.

"L'investissement dans la connaissance paie le meilleur intérêt." - Benjamin Franklin

Avec ces mots, je vous souhaite succès et prospérité sur votre chemin vers l'autonomie financière. Que votre voyage soit aussi enrichissant que les investissements que vous ferez.

www.ingramcontent.com/pod-product-compliance
Lightning Source LLC
Chambersburg PA
CBHW070959220526
45471CB00007B/3099